Ferdinand Stechauner

Schneeflocken

Ernst und Scherz im tollen Wirbel

Ferdinand Stechauner

Schneeflocken
Ernst und Scherz im tollen Wirbel

ISBN/EAN: 9783744630528

Hergestellt in Europa, USA, Kanada, Australien, Japan

Cover: Foto ©ninafisch / pixelio.de

Weitere Bücher finden Sie auf **www.hansebooks.com**

Schneeflocken.

Ernst und Scherz im tollen Wirbel

von

Ferdinand Stechauner.

Wien.

C. Daberkow's Verlag.

Schneeflocken.

Ernst und Scherz im tollen Wirbel

von

Ferdinand Stehanner.

Wien.
C. Daberkow's Verlag.

Apologie.

„Schneeflocken" fallen, zerfließen, vergeh'n; —
— Konnte drum so nur das Büchlein betiteln —
Wenn sie, verwehend, im Wirbel sich dreh'n,
Sagt mir, wer fände da Zeit zum — bekritteln? —

Geleitwort.

Ich fragte zagend mich: soll ich es wagen —
Hinaus nun mein poetisch Schifflein senden?
Wer weiss, ob in prosaisch ernsten Tagen
Dazu sich wohl geneigte Leser fänden? —

Doch heisst es: „Frisch gewagt ist halb gewonnen!"
Vermagst ein Stündchen du nur zu zerstreuen,
So ist's genug mein Streben mir zu lohnen,
Und darf das Wagnis nimmer mich gereuen. —

Wohl birgt das off'ne Meer gar viel Gefahren,
Doch, — wohlgemuth mein Schifflein in die Wellen!
Mög' dich ein gütig Schicksal davor wahren
Jäh an der „Ungunst" Klippe zu zerschellen! —

Inhalt.

Erste Abtheilung.

	Seite.
Warum so frei ich singe.	1
Von einem steinernen Herzen.	3
Vom locker'n Zeisig.	4
Alles ist eitel.	6
Deutsche Sitte.	7
Heimweh.	8
Scylla und Charybdis.	9
Der kranke Musiker.	11
Wiedersehen.	13
Jedes Ding hat seine Zeit.	16
Macht der Jugend.	18
Mein Lied.	19
Neujahrs-Gruß.	20
Wanderzeit.	22
Der Greis.	23
Verschiedene Waldvöglein.	25
Frauengunst.	28
Zigeunermädel.	29
Wandrer Art.	31
Kunstwein.	33
Das besorg' ich allein.	35
Das Herzchen ist ein eigen Ding.	36

	Seite.
Im Eisenbahnwagen.	37
Verdienst und Glück.	39
Jagd nach Wahrheit.	40
Vom Untersberge.	41

Zweite Abtheilung.

Wie ich Latein studierte.	49
Geschah's ja doch in Ehren.	52
Die Münchnerin.	53
Jägertrost.	54
Der erste Wein.	55
Vom Kater.	58
Melusine.	60
Dorf-Kirchweih'.	61
Der Missionär und das Krokodil.	62
Salatrecept.	64
Das Lied vom Kaffee.	65
O jemine — o jerum!	67
Die beiden Zecher.	69
Der pfiffige Wirt.	70
Philisters Rauchgenuss.	71
Im Keller.	72
Das Vermächtnis des Ahasver.	73

Erste Abtheilung.

Warum so frei ich singe.

Vergeblich fragt darnach Ihr nicht
Warum so frei ich singe, —
Mein Sang gibt davon treu Bericht,
Wohlan mein Lied, erklinge!

Jüngst kam die Poesie zu mir
Und sprach: „Laſs ohne Zaudern
Ein Stündchen hier in froher Lust
Uns traulich nun verplaudern!"

Ich rief: „O himmlischer Besuch,
Wann darf ich ihn erwidern?
Erlaube, daſs ich ihn sogleich
Verherrliche in Liedern!"

„Was hör' ich," rief erzürnt sie aus,
„Bei allen meinen Verwandten!
Du also reitest den Pegasus
So jämmerlich zuschanden?"

Da bat ich sie: „O süßes Lieb,
Gib Traute dich zufrieden,
Bis jetzt hab' ich den Pegasus
Zu quälen noch vermieden.

Ich sing', was aus dem Herzen kommt,
In deutscher Zunge Laut,
Und habe nie vermessen noch
Altgriechische Verse gebaut!"

Da lächelt' sie gar süß und mild:
„Dann sei von mir beglückt, —
Bist einmal einer, der sich nicht
Mit fremden Federn schmückt!

Die deutsche Sprache braucht kein Kleid
Nach fremder Art und Zwang,
Sing' fernhin du nur froh dein Lied
Mit deutschem Sinn und Klang!"

Drum singe ich mein Lied so frei,
Wenn's einer mir nicht glaubt,
So frage er Frau Poesie, —
Die hat es mir erlaubt! —

―――

Von einem steinernen Herzen.

Gar hell hinaus am frühen Morgen
Erklingt mein frohes Wanderlied,
Denn, will die Wirtin nimmer borgen,
Ganz einfach man von dannen zieht. —
Die Wirtin hat ein steinern' Herz,
Die Kreide kennt sie nicht, —
Und hält, o bitt'rer Weltenschmerz,
Bezahl'n für eine Pflicht. —

Und doch bezahlt' ich alles bar, —
Die Wirtin darf's aber nicht wissen:
Ihr Töchterlein, mit schwarzem Haar,
Bezahlt' ich mit tausenden — Küssen!

Vom locker'n Zeisig.

Der Zeisig singt in Busch und Wald
Sein Liedlein froh und heiter,
Und fliegt nach kurzem Aufenthalt
Von Busch zu Busche weiter. —
Man nennt den Vogel auch darum
Gern einen locker'n Zeisig,
Der sich darob schon glücklich fühlt,
Sieht er nur grünes Reisig. —

Dieweil in jede Schenke auch
Pflegt grüner Busch zu laden
Uns, die wir gern, nach altem Brauch,
Im Wein die Kehle baden,
So nennt man den, der eifrig sucht
Nach solchem Busch aus Reisig
Und der dabei sein Liedel singt,
Auch einen locker'n Zeisig. —

So geht es mir nicht besser auch,
Gesteh' es ohn' Bedenken,
Auch ich seh' solchen grünen Strauch
Gern vor dem Haus des Schenken! —

Dort zieht's gewaltig mich hinein,
Ich sing' und zeche fleißig;
Was liegt daran, nennt man mich auch
Solch einen locker'n Zeisig! —

Fand dort der locker'n Vögel viel,
Die, als die Gläser klangen,
Froh bei dem edlen Würfelspiel,
Manch Schelmenliedlein sangen.
Was ich nun alles dort erlauscht',
Im Haus mit Tannenreisig,
Das hat bis jetzt mich nicht bekehrt: —
Ich bleib' ein lock'rer Zeisig! —

Da nun ein Zeisig singen muß,
Bleib' ich auch nicht dahinter,
Schaff' mir mit Wein und Sang Genuß
Im Sommer, wie im Winter!
Drum singe ich mein Liedel froh,
Ob es wohl Hörer finde?
Wenn nicht, so mach' ich mir nichts draus,
Ich sing's dann in die Winde! —

Alles ist eitel.

Mit frohem Muth und vollem Beutel
Begab ich jüngst auf Wand'rung mich,
Dacht': auf der Welt ist alles eitel, —
Hält nur mein Geld mir lange stich! —
Ich kam vor einer Wirtin Haus,
Da guckt' ein blondes Mädel 'raus:
„He Wand'rer, wenn du's nicht eilig hast,
So komm' und bleibe bei mir zu Gast!"
Und ihre blauen Aeugelein —
Die lockten mich zu ihr hinein. —

Des andern Tages, um selbe Zeit,
War wüst der Kopf und leer der Beutel, —
Es hätt' mich fast das Ding gereut:
Wär' auf der Welt — nicht alles eitel! —

Deutsche Sitte.

Frohe Lieder singen,
Die ins Herze dringen,
Zeigt der deutschen Bursche froh Gemüth;
Bachus Opfer bringen,
Leicht im Tanz sich schwingen,
Alte deutsche Sitte, neu erblüht! —

Sich ans Liebchen schmiegen
Und in vollen Zügen
Amors Gaben schlürfen tausendfach, —
Sich in Träume wiegen,
Ueber Sorgen siegen,
Leicht ertragen jedes Ungemach. —

Lasst die Würfel rollen,
Weil sie zeigen sollen,
Wer genießt Fortunas blinde Gunst;
Sagt es unverhohlen,
Ob Ihr nicht den vollen
Becher gleich liebt, wie die hehre Kunst? —

Weib und Wein stets preise,
Nach der Alten Weise,
Jeder echte, freie, deutsche Mann; —
Sang und Spiel er heiße
Wert der höchsten Preise,
Wie's die alten Deutschen einst gethan! —

Heimweh.

Traute Heimat, grüß' dich wieder,
Rückgekehrt aus fremdem Land,
Wo ich keines deiner Lieder,
Keine deiner Weisen fand! —

Fern von dir und meinen Lieben
Hab' ich deiner stets gedacht,
Sehnsucht hat mich heimgetrieben,
Ach, wer kennt nicht ihre Macht? —

Ruhe konnt' ich nimmer finden,
War auch schön das fremde Land, —
Nimmermehr möcht' ich empfinden,
Was ich fern von dir empfand! —

Darum will ich wieder bleiben,
Nimmer trennen mich von dir,
Nichts soll mich aus dir vertreiben,
Denn, mein Glück — es ruht nur hier!

Scylla und Charybdis.
(Incidit in Scyllam, qui vult vitare Charybdim.)

Ich fuhr auf einem blauen See
Allein in meinem Kahn,
Die allerschönste Wasserfee
Winkt' mich zu sich heran. —

Sie saß auf einem Felsenriff,
Wie einst die Loreley;
Ich dachte dran und lenkt' mein Schiff
In raschem Schwung vorbei. —

Sie rief mir nach: „Ich warne dich
Vor einem hübschen Kind!"
Ich aber fliehend, eilte mich,
Die Worte verhallten im Wind.

Nur einmal blickt' ich scheu nach ihr,
Noch hört' ich klagende Töne,
Es war als winke drohend mir,
Dämonisch lächelnd, die Schöne. —

Froh war ich, als den Uferrand
Von ferne ich sah blinken,
Frohlockend stieg ich an das Land:
„Ei Schöne, nun magst du mir winken!"

Zu Fuße wandert ich wohlgemuth,
Bald fand ich eine Schenke,
Wo wäre einer, der Rebenblut
Nicht immer gerne tränke?

Die Wirtin war ein schmuckes Ding,
Und gut war auch ihr Wein;
Was Wunder, dafs sie leicht mich fieng
Zum Kosen beim Mondenschein?

Ich blieb bei ihr so lange bis
Mein ganzes Geld ward gar,
Als schnöd' sie mir die Thüre wies,
Da wurd' mir manches klar. —

Im Herzen fühlt' ich tiefes Weh',
Ich dachte wieder daran,
Wie einstens ich der Wasserfee
Entfloh in meinem Kahn. —

Die Warnung fiel mir plötzlich ein,
Wie hatte sie doch recht:
Gut war ja nur der Wirtin Wein, —
Ihr Herze, — das war schlecht!

Das meine brach mir fast entzwei,
Wie wurde ich betrogen!
O, wär' ich bei der Wasserfei,
Weit draußen, in brandenden Wogen!

Und war es auch ein schändlich' Spiel,
Doch eines draus erhellt:
Dafs, wer der Charybdis entgehen will,
Leicht in die Scylla fällt! —

Der kranke Musiker.

Einsam, krank der Meister weilet
In dem Stübchen lieb und traut,
Was der Seele Schwung ereilet, —
Seinem Innern wird es laut.

Und ihm klinget herz'ge Weise,
Lieblich, schwellend, wundervoll,
Zu dem Flügel tritt er leise,
Fast das Herz ihm überquoll. —

Ton an Ton, sie reihen sinnig
Sich zu wunderbarem Lied;
Brausend wild, dann wieder innig,
Wie's durch seine Seele zieht. —

Das sind Meister's schönste Stunden,
Wenn sein Genius erwacht;
Alle Leiden sind entschwunden, —
Nimmer fühlt er ihre Macht.

Und so schafft er ohne Säumen
An den Flügel festgebannt;
Laut wird seiner Seele Träumen
Unter seiner Meisterhand. —

Ja in solchen hehren Stunden
Fühlt der Meister sich beglückt,
Und das Lied, das er gefunden,
Dann die ganze Welt entzückt. —

———

Wiederſehen.

Ich ſah einmal zum Fenſter hinaus
Nach unſrer grünen Wieſe;
Dort pflückte Blumen ſich zum Strauß
Das Nachbarkind, die Lieſe.

Mir wildem Knaben, der ich war,
Mir wollte das nicht paſſen,
Von weitem rief ich, zornig gar,
Sie mög' das Pflücken laſſen! —

Sie aber kehrt' ſich nicht daran, —
Da ſchoſs ich ohne Zügel
Zu ihr auf grüner Blumenbahn, —
Fiel über einen Hügel.

Nun hob ſie mich gar liebreich auf,
Beſah die kleine Wunde,
Und legt' ein kühlend Kräutlein drauf,
Damit ſie bald geſunde. —

Dann rief sie: „Lieber Hans, da schau
Hier diese Blumengarben,
So roth und weiß, so gelb und blau,
Ach sieh' die schönen Farben!"

Gar bald saß ich dann neben ihr,
Wir spielten viele Stunden;
Und um mein Haupt hat spielend mir
Sie einen Kranz gewunden. —

— — — — — — — — —

Zog in die weite Welt hinaus,
Blieb lange Zeit verschollen;
Dann kehrt' ich in das Vaterhaus,
Mein Lieb mir heimzuholen. —

Der Kirchenglocken dumpfer Klang
Begrüßte mich vom weiten;
Ins Nachbarhaus — wie wird mir bang' —
Seh ich den Pfarrer schreiten. —

Andächtig rings die Menge steht,
— Mir wird so ahnungswehe, —
Und leis entringt sich mein Gebet:
„O Herr, dein Will' geschehe!"

Ich hab' dann um ein bleiches Haupt
Den Lilienkranz gewunden:
Mein Liebstes hat der Tod geraubt,
Mein Herz kann nimmer gesunden!

Und Thränen rannen mir auf die Hand,
Ich dachte des Spiel's auf der Wiese,
Wie sie den Kranz ums Haupt mir wand, —
Schlaf' wohl, du bleiche Liese!

———

Jedes Ding hat seine Zeit.

Jung Rosenwirtin hat stets dem Gast
Für Geld gut Trunk gespendet,
Auch ich hielt dort einst kurze Rast, —
Hab' ihr mein Ränzel verpfändet. —
 Eines mich doch immer freut:
 Jedes Ding hat seine Zeit,
 Ergo auch das Trinken!

Dieweil ohne Ränzel kein Wandersmann,
So musst' ich bei ihr bleiben; —
Ich gab mir gute Mühe dann,
Die Zeit ihr zu vertreiben. —
 Eines mich doch immer freut:
 Jedes Ding hat seine Zeit,
 Ergo auch das Küssen!

Nun greif' ich wieder zum Wanderstab',
Laß froh mein Lied erschallen:
— Frau Wirtin mir mein Ränzel gab
Und ließ sich nichts bezahlen!

    Eines mich doch immer freut:
    Jedes Ding hat seine Zeit,
    Ergo auch das Wandern!

Macht der Jugend.

Lebenssturm soll uns nie beugen,
Mag er rütteln auch mit Macht;
Nicht verzagt, so lang die Jugend
Heiter uns entgegenlacht!

Unter Kämpfen, unter Toben,
So entstand ja einst die Welt;
Lasset uns den Meister loben,
Der so schön sie hergestellt!

Und ein jeder, der da athmet,
Weih' dem Frohsinn sich allein,
Ob es stürmt und ob es wettert:
Jugend kennt nur — Sonnenschein!

Mein Lied.

Brause Lied, das aus der Seele,
Aus dem Herzen sich entringt,
Gehe hin und grüße jeden,
Der da athmet, liebt und singt!

In den Thälern, auf den Bergen,
In der ganzen weiten Welt
Schalle Lied, und hell erklingend,
Sei von dir mein Gruß bestellt!

Allen, die da freudig athmen,
Bringe meinen Freundesgruß,
Dem jedoch, der liebt und singet,
Bringe meinen Bruderkuß!

Brause Lied, das aus der Seele,
Aus dem Herzen sich entringt,
Gehe hin und grüße jeden,
Der da athmet, liebt und singt!

Neujahrs - Gruß.

In froher Lust, mit hellem Sang
Sei uns gegrüßt Neujahr,
Vom Thurm der zwölften Stunde Klang
Dich freudig uns gebar.

So wird ein Märchen alter Zeit
Alljährlich neu erlebt,
Vom Vogel Phönix, der erneut
Aus seiner Asche schwebt. —

Das alte Jahr die Asche ist,
Der Vogel Phönix du, —
Drum, Phönix! sei du uns gegrüßt,
Du Asche! geh' zur Ruh'!

Hebt hoch das Glas mit Punschgebräu,
Ruft allesammt hurrah!
Aufs Alte folget stets das Neu', —
Das neue Jahr ist da!

Die Gläser klingen aneinand',
Ein Profitruf zumal,
Der tönet fort von Land zu Land,
Mit frohem Wiederhall. —

Das neue Jahr, das wir begrüßt, —
Was seine Zukunft sinnt, —
Wir wünschen nur, dass es verfließt
So froh, wie es beginnt!

Wanderzeit.

:|: Der Regen in Strömen herniederfällt,
Was stets mir zum Wandern die Lust vergällt
Darum ich im Kruge mich bafs erfreu'
Am schäumenden, herrlichen Malzgebräu'!
Wenn wieder dann einmal die Sonne sticht,
Verträgt es sich auch mit dem Wandern nicht;
Ich sitze im Schatten beim Weine dann
Und zünde mir fröhlich mein Pfeifchen an!
Es ist ja die herrliche Welt so weit,
Drum bleibt mir zum Wandern noch Raum
                                und Zeit,
Wenn eben nicht strömend der Regen fällt,
Frau Sonne wohl etwas versteckt sich hält,
Dann leer' ich mein Gläschen auf einen Zug,
Und nehme warm Abschied von Kanne und Krug,
Ich wand're dann in die weite Welt,
Bis wieder — — — :|:

Der Greis.

Ach, wenn ich so sinne und träume,
Wie wird mir das Herze so weit,
Mein müdes Auge, es leuchtet,
Denk' ich der Jugendzeit!

Wär' ihr Erfahrung zur Seite,
Wie sie der Greis sich's bewußt,
Da gäb' es keine Jugend, —
Da gäb' es keine Lust! —

Wer hat sich nicht im Leben
So Manches anders gedacht, —
Das war ein Weben und Bauen
An luftigen Schlössern und Pracht. —

Doch all die goldenen Träume
Der herrlichen Jugendzeit,
Sie sind zerflossen, zerstoben,
In alle Winde zerstreut. —

Die Treue wurde gebrochen,
Der Freundschaft wurde Verrath, —
Hinweg ihr Schatten! verschwindet,
Die meinem Erinnern ihr nah't.

Wagt's nimmer, ihr hohlen Gespenster
Betrogener Manneszeit
Zu tauchen aus dem Vergessen,
Dem ich schon längst euch geweiht!

Doch du, du herrliche Jugend,
Bleib' meiner Erinnerung,
Es fühlt in ihr mein Herze,
Mein Geist sich wieder jung!

Umgaukelt mich, ihr Träume,
Umfächelt mich mild und lind,
Und unter Thränen lächelt
So selig, ein altes Kind! —

Verschiedene Waldvöglein.

Waldvöglein in dem grünen Tann
Saß hoch auf einem Baume,
Und sang es zu, mir Wandersmann,
Am grünen Waldessaume:
    „O höre auf mein Singen!

Des Försters Mädel, wie Milch und Blut,
Weiß ihre Macht zu nützen,
Sie ist uns losen Vögeln gut, —
Pflegt liebreich uns zu schützen;
    Besonders vor den Schlingen!

Nun also, lock'rer Zeisig du,
Du darfst getrost es wagen,
Kannst um ein bischen Trunk und Ruh'
Auch heute bei ihr fragen.
    Fein an die Thüre klopf' du!"

Dafs ich ein loch'rer Zeifig bin,
Das ift wohl keine Fabel,
Was aber kümmert denn das Ihn,
Er nafeweifer Schnabel?
 Na wart', du kleiner Tropf du!

Ich fand nun auch das Förfterhaus
Und klopft' mit leifen Schlägen,
Ein blondes Mädel kam heraus,
Trat freundlich mir entgegen:
 "Kann ich mit etwas dienen?"

Ich brachte meine Bitte an,
Von wegen Trunk und Ruhe:
"Ich bin ein durft'ger Wandersmann,
Hart drücken mich die Schuhe."
 Sie fah's an meinen Mienen.

Des Förfters Wein und Brot war gut,
— Wir tranken von dem füßen, —
Und da bekam ich plötzlich Muth
Des Mägdleins Mund zu küffen,
 Dafs es vernehmlich fchallte. —

O weh! da trat ein Jägersmann
Herein in unsre Laube,
Er sah mich etwas grimmig an:
„O wär' ich aus dem Staube!"
  Denn richtig war's der Alte! —

„Willst wohl den locker'n Vogel du,
Wie andre Vögel schützen?
In deine Kammer! marsch zur Ruh'!"
Und seine Augen blitzen. —
  Wo soll ich jetzt mich stärken?

Ließ aus dem Wald verweisen mich
Durch einen seiner Heger,
Dieweil ein loser Vogel ich,
Und er ein wilder Jäger!
  Das sollte ich mir merken!

Kehr' nun ich bei einem Forstmann ein,
Betrag' ich mich sittsam und edel,
Ich halt' mich nur an seinen Wein
Und küss' ihm nimmer sein Mädel;
  Besonders wenn's nicht hübsch ist!

Frauengunst.

Wie man der Frauen Gunst gewinnt? —
Das weiß ich nicht zu sagen,
Doch will ich lieber, frohgesinnt,
Darnach nicht einmal fragen.

Die Neugierd' ist nicht meine Sach',
— Verzeih't mir diesen Leichtsinn, —
Ich grüble niemals drüber nach,
Wo mein Verstand nicht — reicht hin.

Wenn nur Ihr Frauen Gunst mir schenkt,
Die Ursach' kann ich missen, —
Wer lange grübelt und bedenkt, —
Hat Zeit nicht zum — genießen!

Zigeunermädel.

Zigeunermädel du bist braun,
Und sieh'! ich find' das herrlich,
Komm', lass dir in die Augen schau'n,
Ob sie mir wohl gefährlich? —

Zigeunermädel rief mir zu:
„Dich in Gefahr begeben,
Das solltest wohl vermeiden du, —
Es kostet oft das Leben!"

„Du kleine, wilde Hexe du,
Mich sollst du doch nicht schrecken,
Die Augen her, den Mund dazu, —
Lass mich nicht gerne necken!

Hab' in die Augen ihr geschaut,
Sie glänzten wie zwei Sterne;
Wo überm Wald der Himmel blaut,
Sah ich sie oft und gerne.

Und stürmisch hab' ich oft geküßt
Das schöne Kind des Waldes,
Und was im Wald ihr Bäume wißt, —
Kein Echo widerhallt es!

Verlor ich auch mein Leben nicht,
Verlor ich doch mein Herze, —
— Wenn von Gefahr ein Mädel spricht,
— Geschieht es nicht zum — Scherze! —

Wandrer Art.

Bin eine luftige Wandermaus
Und such' zu meiner Freude
Mir stets die rechte Schenke aus,
Allwo man kennt die — Kreide!

Sieh' da! ein grüner Busch mir winkt
Aus duft'gem Tannenreisig,
Strachs zieht dahin mich der Instinkt
Von einem durst'gen Zeisig.

Das gilt ein gutes Zeichen mir,
Bekreidet jedes Eckchen, —
Nur an der großen Stubenthür,
Glänzt noch ein leeres Fleckchen. —

Der Schenkenwirtin Töchterlein
Hat schwarze Augensterne,
Credenzet mir vom besten Wein,
Sie weiß, ich trink' ihn gerne.

Dafür bin dankbar ich zur Frist,
Erzähl' ihr meine Schnurren,
Wird sie dabei von mir geküßt,
Soll sie darüber murren? —

Vom Essen und vom Trinken satt,
Bin's nimmer ich vom Küssen,
Doch, jedes Ding ein Ende hat,
Werd' wieder weiter müssen! —

Frau Wirtin woll't mein Ränzelein
Mir doch nicht etwa pfänden, —
Denn, — nenn' ich einmal Bares mein,
So will ich Euch es senden!

Nun Ihr das wißt, so rechnet mir
Zusammen meine Zeche,
Und schreibt sie an die Stubenthür',
Bis ich sie einmal bleche!

Ja angekreidet, was aufgetischt,
So halt' ich's allerorten,
Und wird die Sach' nicht weggewischt,
So steht sie heut noch dorten! —

Was Wanderknaben Lieb' betrifft,
Ist's nicht von langer Dauer,
Das liebe Mädel, das es trifft,
Hält auch nicht lange Trauer. —

Drum wahrt ein gut Gedenken mein,
Frau Wirtin sammt den Gästen,
Und Euer liebes Töchterlein
Mag bald ein andrer trösten! —

Kunstwein.

Gott Bachus sich die Augen rieb
Von einem Katzenjammer,
Er rief Mercur, den Tagedieb,
Aus seiner Himmelskammer.

„Sag' an, du Schelm, wo wächst der Wein
Von unsrer letzten Sendung?
Gestehst du nicht die Wahrheit ein,
Nimmt's eine böse Wendung!"

Darauf Mercur: „Man hat jüngst mir
Den Kunstwein anempfohlen;
Ihr liebt die Kunst, — da dacht' ich mir
Läßt ein paar Fäßchen holen!"

„Zum Kuckuck!" fuhr nun Bachus los,
„Jetzt ist es mir erklärlich,
Warum der Jammer gar so groß, —
Der Häring — unentbehrlich!"

Der Kunst ich gerne Beifall zoll',
Doch sag' ich's unverhohlen:
Die Kunstweinfabrikanten soll
Allsammt der Teufel holen!

Wär' ich nicht schon dafür zu alt,
Möcht' ich die Welt durchwandern,
Ich hätte diese Kerle bald,
Den einen, wie den andern! —

Dann ließ ich in das schwarze Meer
Den ganzen Kunstwein träufen, —
Das ganze Fabrikantenheer
Darinnen zu ersäufen! —

O, wär' doch Bachus nicht so alt,
Viel tausend Jahr' und drüber,
Wir hätten dann ein Schauspiel bald,
— Das schwarze Meer gieng' — über! —

Das besorg' ich allein.

Sonnenschein, Herbstesluft,
Reift mir das Rebenblut,
Gebt ihm Kraft, Gebt ihm Duft,
Macht mir es gut!
Reift's aus der Erde Schoß,
Sagt ihm mein Durst sei groß,
Doch trinkt mir es nicht, nein, nein!
Das Trinken, das Trinken, besorg' ich allein!

Sonnenschein, Frühlingsluft,
Grüßt mir mein Mägdelein,
Mondenschein, Blütenduft,
Kehrt bei ihm ein!
Grüßt mir es froh und frei,
Singt ihm von Lieb' und Treu',
Doch küßt mir es nicht, nein, nein!
Das Küssen, das Küssen, besorg' ich allein! —

Das Herzchen ist ein eigen Ding.

Das Herzchen ist ein eigen Ding,
Ein eigen Ding!
Es war hier einst so still;
Seit mir der Bursch ins Aug' geschaut,
Da hämmert es und pocht so laut,
Was doch das Herzchen will?

Das Herzchen ist ein eigen Ding,
Ein eigen Ding!
Noch immer wird's nicht still;
Seit mir der Bursch die Hand gedrückt,
Wie fühl' ich mich so recht beglückt,
Was noch das Herzchen will?

Im Eisenbahnwagen.

Das Zeichen zur Abfahrt des Zuges ertönt,
Hinaus eilt in riesiger Schnelle
Das schnaubende Dampfroſs; der Boden erdröhnt,
Es muſs ja noch heute zur Stelle. —

Nach rückwärts gelehnt saß im Wagen ich da,
Raſch musternd die Reisegefährten,
Mit freudigen Herzen die einen ich sah,
Die andern mit Kummer beschwerten.

Hier fand sich ein Eh'paar in traulichem Glück,
Es war auf hochzeitlicher Reise,
Dort traurig hinaus gieng in fremdes Geschick,
Die arme, verlaſſene Waise.

Hier herzend und küſſend jung Mütterchen ſaß,
Glückſtrahlenden Blick's, mit dem Kinde,
Daneben, schwer stöhnend ein Weib, ach so blaſs,
Ob lebend den Mann sie noch finde? —

Hier sang ein Student in gar heiterem Ton
Dem Vaterhaus fröhlich entgegen,
Die weinende Frau dort, sie fuhr zu dem Sohn
Ein Kränzlein aufs Grab ihm zu legen. —

Ich aber mit meinen Gefühlen allein,
Ich konnte mit mir mich nicht einen,
Ich wollte mit Fröhlichen fröhlich auch sein,
Und wollte mit Trauernden weinen! —

Wie waren doch hier, im beengenden Raum
Des Eisenbahnwagens, beisammen
Des Lebens so heiterer, lustiger Traum,
Des Lebens so finstere Dramen! —

Verdienst und Glück.

Verdienst und Glück, sie trafen sich
Durch Zufall einst auf ihren Reisen.
Es sprach das Glück: „Bin ich auch blind,
Will ich den Weg doch gern dir weisen."

Drauf das Verdienst: „Mein Kind du irrst,
Dein Antrag kann wohl nimmer taugen; —
Zu meinen Jüngern führ' ich dich,
Vertraue meinen klaren Augen!"

Das Glück jedoch, es kehrte stolz
Abweisend dem Verdienst den Rücken;
Das aber rief: „Bin nicht gelaunt
Vor deinem Stolze mich zu bücken!"

Anstatt zu wandern Hand in Hand, —
Geh'n einsam sie nun ohne Zagen:
Verdienst wohl stets zum Rechten fand, —
Läßt sich vom Glücke das auch sagen? — —

Jagd nach Wahrheit.

Wahrheit, die Wahrheit, sie such' ich schon lang',
nn ich sie denn nimmermehr finden?
ohlan nun, ich folge dem inneren Drang,
id suche in allen vier Winden!

ı wird es auf einmal im Kopfe mir hell:
ılt' ein! dein Beginnen ist Narrheit!
ır Schenke, zur Schenke, du thöricht' Gesell'!
ıı Weine, im Weine liegt Wahrheit! —

on Schenke zu Schenke, vom Weine zum Wein,
ıald bringt man mir süßen, bald herben;
) laßt mich, — muß einmal ein Ende schon sein,
ıeim Schlürfen der Wahrheit einst sterben! —

Vom Untersberge.

Zu Salzburg war's; im Schatten lag
Ich unter einer Tanne,
Sah vor mir Felsen, Berg und Hag,
Und auch die volle — Kanne.

That manchen schönen Zug daraus,
Und dachte vergangener Tage;
Auch malt' ich im Gedanken aus
Mir Wahrheit, Dichtung und Sage.

Es fand dabei gar vieles sich
Von Rom und von Canossa,
Und — nahe lag's — von Friederich,
Dem Kaiser Barbarossa. —

Ich dachte an die Walserheid',
An Schlachten, Blut und Leichen,
Des Birnbaum's auch, im grünen Kleid,
Der Sage Wahrheitszeichen. —

Darob ergriff ein Schauder mich,
Sah nach dem Untersberge, —
Da stand vor mir und neigte sich
Ein häßliches Gezwerge.

„Steh' auf und folge mir geschwind,
Will einen Weg dir weisen,
Und manches wird dir, Menschenkind,
Wohl klar, — du wirst mich preisen!"

So sprach der Zwerg; ich folgte dann,
Er führte mich behende,
Und steil zum Berge gieng's hinan,
Hoch über Felsenwände.

Und durch ein Felsenthor rasch fort,
Durch weite, dunkle Hallen,
Viel große Fässer standen dort,
Das wollte mir gefallen. —

Da theilte plötzlich sich die Wand
Und wieder ward es helle,
Mein Führer flüsternd, hob die Hand:
„Sieh' hin! wir sind zur Stelle!"

Und an dem runden Marmortisch,
Wohl sagenbekannt uns allen, —
Saß Kaiser Barbarossa frisch
Inmitten seiner Vasallen.

Gar kühne Recken ich da sah,
Fürwahr auch große Zecher,
Denn jeder hatte vor sich nah'
Den wohlgefüllten Becher.

Sie waren alle hier bei'nand',
Um froh zu poculieren,
Die Becher klangen aneinand',
Hell, wie der Schwerter Klirren.

Ein neuer Becher mußt' herbei,
So war's des Kaisers Wille;
Man machte einen Platz mir frei,
Der Kaiser winkte: Stille! —

Ich dacht', mich würde fragen er,
Ob nicht in weiten Bögen,
Der Raben und der Krähen Heer,
Den Untersberg umflögen? —

Doch nein; er reichte selbst mir dar
Den Wein im Goldpokale:
„Trink' Rebensaft, so hell und klar,
Auf daß dir's hier gefalle!" —

Ich neigte mich zu frohem Dank,
Die Becher hört' ich klingen;
Ich setzte an und trank und trank, —
Das Herz wollt' fast mir springen.

Solch blutigrothen Feuertrank
Hatt' ich noch nie genossen, —
Der war wohl viele Jahre lang
Im Riesenfaß verschlossen. —

„Habt draußen Ihr auch solchen Wein?"
Hub an der Kaiser zu fragen,
Ich mußte sagen nein und nein!
— Ihm wollt' es nicht behagen.

„Das ist ein deutscher Rebensaft,"
Begann der Kaiser wieder,
„Aus alter Zeit, und dessen Kraft
Ehrt Ihr durch Eure Lieder. —

Es trinkt, was lebt im deutschen Reich,
(Ein Erbgut von den Ahnen,)
Doch schwächer ward der Wein und gleich
So auch — die deutschen Mannen.

Nun merke auf du, mit Bedacht,
Wie man in deutschen Landen
Das Märchen von der Walserschlacht
So gänzlich mißverstanden!

Man sagt, daß um der Raben Flug
Ich stets mich soll erkunden,
Doch ist dies eitel Lug und Trug, —
Das Märlein rein erfunden.

Ich frage nur, ob draußen der Wein,
Wie meiner, gut und helle,
Sich senkt erfrischend, leicht hinein,
In eine durst'ge Kehle?

Zur Antwort wurde mir stets — nein!
Und das hat mich verdrossen,
Drum sollst du auch der letzte sein,
Der Berg bleibt nun verschlossen! —

Doch will ich nicht, daß falsch die Welt
Von meinem Durste denke,
Nicht Schlacht- und Blutdurst mich stets quält,
Mein Durst gehört der — Schenke!

Das Blutbad auf der Walserheid',
Es will mich faſt empören,
Das wird ſo troſtlos falſch gedeut',
Weiß es vom Sagenhören!

Mit meinen Mannen ſtets bereit,
Wollt' ich nach langem Dürſten,
Im Freien, nah' der Walſerheid',
Einmal recht tüchtig — bürſten!

Von meinem Rothwein allgemach,
Wollt' ich mich fröhlich trennen, —
Man hätte richtig dann die Sach',
Ein Weinbad müſſen nennen! —

Ich hätt' geladen alle Welt
Zum Trunk im Tann und Felber,
Doch Klugheit jetzt zurück mich hält, —
Ich trink' ihn lieber — ſelber!

Die leeren Fäſſer hätt' ich doch
Mir wieder füllen laſſen, —
Da aber hat die Sach' ein Loch,
Hier hört ſich's auf zu ſpaſſen!

Ich tauſchte dann für meinen Wein,
Glaub' mir, — ich bin kein Schwätzer,
— Du ſiehſt es wohl auch ſelber ein —
Nur Euren ſauren Krätzer! —

Nun geh' Geſell'! und grüße mir
Vielmals die deutſchen Mannen,
Als Angebinde nehme dir
Den Becher mit von dannen!

Und draußen künde es, warum
Ich, trotz des Birnbaum's Grünen,
Nicht sagenrechtlich wiederum
Der Menschenwelt erschienen!" —

Der Kaiser winkt', der Zwerg erschien,
Zu führ'n mich aus dem Schachte;
Ich langte nach dem Becher hin,
Ins Leere — und erwachte. —

Und um mich her war's heller Tag,
Der Wind rauscht' durch die Tanne; —
Weit weg von mir, im Grase lag
Die leergetrunk'ne Kanne. —

Zweite Abtheilung.

Wie ich Latein studierte.

War einst ein lustiger Studente,
Studiert' auch mein Latein,
Und zwar, nach eigener Methode,
Gar selten ganz allein.
Wie ich nun mein Latein geübt, —
Davon dies Liedlein Zeugnis gibt;
Ich glaub' sogar, dass die Methode
Für nun und immer bleibt in Mode.

Man weiß, bei großer Sonnenhitze
Ist's nur im Keller kühl,
Drum, selbst im Keller bei der „Sonne,"
Fand ich die Luft nicht schwül. —
Dort ganz vergnüglich mein Latein
Uebt' ich bei einem Glase Wein;
Sah froh sein goldigfarb'nes Blinken:
Ja, „bibo bibere," das heißt — trinken!

Gar dunkel war es in der Laube,
Schien auch der Mond gar hell;
Ich huschte ins verschwieg'ne Dunkel
Mit meinem Liebchen schnell. —
Dort übt' ich mit dem Mägdelein
So ganz vergnüglich mein Latein;
Mir in Erinn'rung ist geblieben:
„Amo amare," das heißt — lieben!

Und in den Ferien zog ich lustig,
Mit frohem, heiterm Sinn,
Zum lieben, trauten Vaterhause,
Zur theuren Heimat hin.
Ich übte auch beim Wandern ein
So ganz vergnüglich mein Latein,
Ließ hell ein fröhlich Lied erklingen;
„Canto cantare," das heißt — singen.

Leicht sind die Worte mir geblieben,
Weiß heut davon gar viele noch;
So gern ich mein Latein getrieben,
Einmal verdroß mich's doch. —
Wollt' küssen einst ein Mägdelein,
Doch das verstand etwas Latein,
„Zuerst," — so gab es mir die Lehre, —
„In matrimonio habere!" —

Seither meid' ich gelehrte Frauen,
Und lenk' bei jeder ein,
Um rasch sogleich davon zu eilen,
Falls sie versteht — Latein.
Vergebens wär' dann Müh' und Fleiß,
Sie reden gar so naseweis, —
Drum sag' ich: nichts ist schlimmer,
Als ein gelehrtes — Frauenzimmer!

Geschah's ja doch in Ehren.

Einmal, — es war zur Schnitterzeit, —
Gieng ich an eines Feldes Rain,
Dort fand ich eine blonde Maid,
Die Sense schwingend — ganz allein. —
Die Aehren standen gar so hoch,
Konnt' kaum das Mägdlein sehen,
Da, — wohl begreift es jeder doch, —
Da musst' ich näher gehen. —
Es war ein allerliebstes Kind
Mit frischen, rothen Wangen;
Solch Anblick hat ja stets geschwind
Die Sinne mir gefangen. —
Ich bot ihr zierlich meinen Gruß,
Wie wollte sie mir's wehren?
Und darauf folgte Kuss um Kuss, —
Geschah's ja doch in -- Aehren! —

Die Münchnerin.

„O, könnte ich all deine Wünsche,
Du herziges Kind, dir erfüllen,
O, könnte ich all deine Leiden
Und all deinen Kummer dir stillen!

Ich sehe dein Sehnen im Auge, —
O lasse dein Wünschen mich wissen,
Ja, wär' ich ein König, die Krone,
Dir legt' ich sie, Traute, zu Füßen!

So sprich doch, du blauäugig' Mägdlein,
Sag' an deinen innigsten Wunsch mir?"
„Ich hätte," bekannte sie lispelnd,
„Halt gar aso gern a Maß — Bockbier!"

Jägertrost.

Gehst einmal du auf eine Jagd,
Ihr widmend vielen Fleiß,
Und schießest du im Eifer dann
Statt einem Bock die Geiß:
Dann Schütze, sei du nur getrost,
Im schmucken Jägerrock,
Wem eine Geiß zum Opfer fällt, —
Auch der schießt einen — Bock! —

Der erste Wein.

Als Gott die Reben all erschuf
In seiner großen Güte,
Da hörte Noah seinen Ruf,
Mit Freude im Gemüthe.

Er sprach: „O Herr, sei mit Verlaub,
Wenn ich mich baß erkühne,
Für meine Bitte doch nicht taub,
Und ford're keine Sühne.

Ach, laß nicht nur im Jahr einmal,
Wenn süß die Trauben reifen,
Mich deiner Huld und Gnade Strahl
Durch dein Geschenk begreifen!

Gib mir ein Mittel an die Hand,
Es auch zu conservieren, —
Verliere sonst noch den — Verstand!"
Der Herr, — der ließ sich rühren.

Er sprach: „Nun nimm ein leeres Faſs,
Mit Reifen gut beſchlagen,
Füll' Trauben ein, und thue das,
Was ich dir jetzt will ſagen.

Leg' einen Deckel obenauf,
Bohr' Löcher an den Seiten,
Dann ſetz' dich, alter Schwede, drauf,
Und fange an zu reiten. —

Dann wirſt du ernten, arger Wicht,
Den Lohn für dein Beginnen;
Das eine doch vergeſſe nicht:
Laſs nichts daneben rinnen! —

Dafs du der Drohung nicht vergifst
Mit dem „Verſtand verlieren,"
So ſollſt, wenn du unmäßig biſt,
Der Gabe Wirkung ſpüren!" —

So ſprach der Herr, und Noah fieng
Nun luſtig an zu preſſen;
Er hatte Freude an dem Ding,
Vergaß beinah' aufs — Eſſen.

Er füllte dann das edle Naſs,
Nach langem, langem Reiten,
Gar fröhlich in ein zweites Faſs,
Und ſtellte es beiſeiten.

Und nach zwei Monden, schlau und fein,
Ließ er den Zapfen springen:
Herr Noah trank den ersten Wein,
Mit Jubelschrei und Singen. —

Doch abends kaum ins Bett er fand,
Unmäßig im Genusse,
Umnebelt war ihm der Verstand, —
Die Straf' folgt' auf dem Fuße. —

Trinkst du zuviel von edlem Wein,
So wird's im Kopfe duster, —
Doch füge dich, wie Noah, drein:
Er gilt hierin als Muster! —

Vom Kater.

„Hidigeigei" heißt der Kater,
Den uns Scheffels Muse schuf;
Dieser edle Kater hat nun
Einen weltberühmten Ruf.

Gestern jedoch, in der Kneipe,
Hei! fieng einen Kater ich,
Weiß nun nicht, hab' ich den Kater,
Oder hat der Kater mich? —

Hidigeigei, ohne Zweifel,
Heißt mein mächt'ger Kater nicht,
Ist auch größer wie derselbe,
Das verspür' ich am Gewicht!

Trefflich meditieren kann er,
Schnurrt den Kopf mir voll und wüst,
Denn, mein Kater stammt vom Noah,
Selbes weiß doch jeder Christ. —

Doch, nun wirft sich auf die Frage,
Welcher wohl berühmter sei,
Mein urechter Noahkater,
Oder Kater Hidigei'? —

Liest drum alle unsern Scheffel,
Dann begebt zur Schenke Euch,
Holet dort Euch einen Kater,
Accurat dem meinen gleich.

Sodann laſst uns meditieren,
Wer mehr Anspruch auf den Ruf,
Der uralte Kater Noah's, —
Der, den Victor Scheffel schuf? —

Melusine.

Es ist einmal ein Zauberweib,
Frau Melusin', gewesen;
Halb Fisch, halb Mensch war sie am Leib',
So ist von ihr zu lesen.

Ich kenn' ein Mädel, lieb und jung,
— Auch eine Teufeline, —
Die bringt mir's in Erinnerung,
Auch sie heißt — Melusine.

Ist gar ein possierlich, lieber Popanz,
Veränderlich wie das Wetter, —
Und nicht nur zur Hälfte, sondern ganz
Ein herziger Backfisch, ein netter! —

Dorf-Kirchweih'.

Fideln klingen,
Bursche springen,
Dreh'n die Mädchen
Wie die Rädchen, —
Bleibt das Schuhwerk auch nicht ganz:
Kirchweih' ist im Dorf und Tanz!

Mit der Liesel
Tanzt der Hiesel,
Und die Stazi
Schwingt der Nazi
Und die Gretel dreht der Hans:
Kirchweih' ist im Dorf und Tanz!

Weinesselig
Wird allmählig
Aus der Friede;
End' vom Liede:
Auf den Seppel schlägt der Franz, —
Kirchweih' ist im Dorf und Tanz!

Und man walkt sich
Und man balgt sich,
Ohne Zügel
Gibt's nun Prügel,
Schließlich bleibt kein Schädel ganz:
Kirchweih' ist im Dorf und Tanz! —

Der Missionär und das Krokodil.

(Eine Fabel.)

Ein Missionär auf Reisen gieng;
Sein Ziel war keineswegs gering:
Er wollt' durch seine Lehren
Das ganze Afrika bekehren.
Und als er einst spaziert' am Nil,
Da stand vor ihm ein Krokodil.
Nun fieng beherzt der fromme Mann
Sogleich es zu belehren an;
Das Krokodil, so wollt' er meinen,
Fieng gar darüber an zu weinen,
Als er dociert' in frommer Hast,
Alltäglich mehr' die Sündenlast
Bei jedem schrecklich sich, — allein,
Das brächte nur die Hölle ein! —
„Ganz recht,“ so sprach das Krokodil,
„Wer lange lebt, der sündigt viel!“

Verschlang, in seinem Wahne, dann
Sofort den armen, heil'gen Mann,
Und glaubte so, mit einemmal,
Zu wahren ihn vor Höllenqual. —

Nun die Moral von dem Bericht:
Das Krokodil belehrt man nicht,
Weil es, — was füglich keinem paßt, —
Die Sache doch nur falsch auffaßt. —
Doch, willst du durchaus wen bekehren,
So acht' der Wirkung deiner Lehren, —
Fängt dieser drob zu weinen an,
Dann laufe weg, du frommer Mann,
Ein Heuchler ist, — ich sage nicht zu viel, —
Noch schlechter wie ein — Krokodil! —

Salatrecept.

Willst du, Freund Koch, Salat mir bereiten,
So thu' dies nach meinem Recept;
Das fand einst, mit großen Schwierigkeiten,
Ein culinarischer Adept. —
Beim Oele sei Verschwender du,
Den Essig sollst geizig du sparen, —
Mit weisem Bedacht gib Salz dazu,
Dann mische gleich einem wüthenden Narren!
Ja Weisheit und Narrheit, Verschwendung
                        und Geiz,
Hier findest du alles beisammen;
Das gibt der Sache besonderen Reiz, —
Nun geh' und bring' den Salat mir!
                                 Amen!

Das Lied vom Kaffee.

Kam von einer Stadt zur andern;
Müde war ich von dem Wandern, —
Doch, zum Glück, ich blinken seh'
Dort ein Schild: "Cafetier!"

Trete ein mit raschem Fuße,
Eilend zum Kaffeegenusse,
Und ein Mägdlein, lieblich zart,
Freundlich meines Wunsches harrt.

"Hebe," rief ich, "bei den Parzen!
Bringe rasch mir einen "Schwarzen!"
Denkt Euch aber drauf mein Grau'n: —
Ach, der Schwarze, der war — braun! —

"Mäddchen! dafs ich dein gedenke,
Sag', wer brauet dies Getränke?"
Und sie lächelt süß und schlau:
"Lieber Herr, das kocht die Frau!"

Und ich kost' — fürwahr kein Prasser —
Dieses edle Zwetschkenwasser,
Und dann frag' ich ohne Scheu:
„Kind, wie macht man dies Gebräu?"

„Kaffebohne in zwei Theile
Spaltet man in größter Eile,
Brunnenwasser drauf zwei Maß, —
Kocht's und fertig ist der Spaß!

Um die Färbung zu erzeugen
Nimm etwas gebrannte Feigen
Oder auch Cichorie, —
Gibt ganz gleiche Glorie!"

Hochverehrte, schöne Frauen!
Wollet selbst ihr Kaffee brauen, —
Nehmet doch in deutscher Treu'
Von den Bohnen lieber — zwei! —

O jemine, o jerum!

Ein fröhliches Beisammensein
War keinem noch zuleide,
Und schallt dann unser Lied darein —
Ist's wahrlich eine Freude!
Wie klingt's so lieb, wie klingt's so traut,
Wie klingt's so leis, dann wieder laut:
      O jemine, — o jerum!

Das Lied als Sorgenbrecher
Ist altersher bekannt;
Und kreist dabei der Becher,
Gibt's keinen Widerstand!
Drum stimmt, bei hellem Becherklang,
Ja stimmet an den frohen Sang:
      O quae mutatio rerum!

Wem froh das Herz schlägt in der Brust,
Der lern' das Liedlein singen;
Und geht er dran mit Lieb und Lust,
Wird's leicht ihm auch gelingen.
Er sing' so lieb, er sing so traut,
Er sing' es leis und wieder laut:
      O jemine, — o jerum!

Und jedem sei's zu eigen,
Wem immer es gefällt,
Er hör' auf unsern Reigen,
Dass treu er es behält!
Drum stimmt bei hellem Becherklang,
Ja stimmet an den frohen Sang:
   O quae mutatio rerum!

Und sollte einst — es wär' nicht fein —
Die Welt zugrunde gehen,
So mag's gescheh'n; nur soll allein
Dann unser Lied bestehen.
Das Lied so lieb, so süß, so traut,
Es klingt so leis, und wieder laut:
   O jemine, — o jerum!

Liegt selbst dann unter Trümmern
Das schöne Heimatland, —
Statt kläglich feigem Wimmern
Den Becher noch zur Hand! —
Dann singt bei seinem hellen Klang
Der ganzen Welt den Grabgesang:
   O quae mutatio rerum!

Die beiden Zecher.

Es waren einst zwei Zecher
Im weiten, deutschen Reich;
Die schwangen gern den Becher,
War auch ihr Trunk nicht gleich.

Der eine von den beiden
Trank Rheinwein, Malvasier, —
Der andre mocht' gut leiden
Den Gerstensaft, — das Bier.

Die stritten wie ein Wetter
Einstmals ob ihres Trank's,
Erhoben ein Gezetter,
Welch wohl des bessern Rang's?

Sie tranken immer grimmer,
— Die Sache gieng nicht glatt, —
Sie stritten immer schlimmer,
Und wurden endlich — matt. —

So tranken sie und tranken
Wohl leer manch volles Horn,
Bis unter'n Tisch sie sanken,
Verschlafend ihren Zorn. —

Das ist die Mär der Zecher
Vom lieben, deutschen Reich:
Was immer sie im Becher, —
Das Resultat bleibt — gleich! —

Der pfiffige Wirt.

„Das sind die rechten Zecher,
Die stets mich bar bezahl'n;
Ich lasse solche Gäste
Vor allem mir gefall'n. —

Ich pflege nicht zu prellen,
Wer bar mich immer zahlt, —
Doch liegt in meiner Kreide
Gar sonderbar Gewalt.

Die schreibet immer doppelt,
Doch bleibt 's Gewissen rein, —
Ich wasche es mit Wasser, —
Und — schütt' dies in den Wein!

So hab' für jeden Zecher
Ich meine Art bestimmt; .
Und wehe dem, der immer
Nur auf die Kreide nimmt!

So üb' ich meine Rache
Wie's einem Wirte frommt,
Und weiß von solchen Gästen,
Daß keiner wieder kommt!"

Philisters Rauchgenuß.

Mein Pfeifchen im Munde
Mit Knaster gefüllt,
Das hat noch zur Stunde
Mein Sehnen gestillt.

Ich brauch' nichts zu denken,
Wenn's Pfeifchen nur glüht, —
Und ohne Gedanken
Bleibt ruhig — 's Gemüth. —

Mir schwinden die Stunden
Mit ruhigem Sinn;
Und sind sie entschwunden,
So sind sie — dahin!

So thu ich's und treib' ich's
So lange man baut:
Kanaster den „gelben,"
Das herrliche Kraut! —

Im Keller.

Wie weiland Herr von Rodenstein
In Rheinwein, Muscateller,
Vertrank in Magdalenawein
Auch ich den letzten Heller.

Verdingte dann als Küper mich,
Doch wusst' ich ohne Zweifel:
Es jage der Wirt ganz sicherlich
Mich ehestens zum Teufel. —

Den Heber bracht' ich gar so schwer
Weg von des Fäßleins Spunde;
Das Fäßlein wurde dabei leer, —
Dem Wirte ward's zu bunte.

Die Augen glänzten ihm, er rief:
„Das muß ich eingestehen, —
Erst jetzt bekomm' ich vom Trinken Begriff,
— So hab' ich noch keinen gesehen! —

Ihr seid von gar besonderer Zunft, —
Doch komm' ich Euch schon dahinter;
Erwäg' ich die Sache mit Vernunft,
So seid Ihr ein — Bürstenbinder!"

Wie doch erstaunte darob er baß,
Als ich ihm munter verkünde,
Daß auch ein Reimschmied ein volles Faß
Erweislich zu leeren verstünde! —

Das Vermächtnis des Ahasver.

Der Teufel, der hatte von jeher
Ein Steckenpferd, prächtig und nett:
Er sammelte schon vom Anfang
Manch herrliche Silhouette.

Für ganz besondere Größen
Legt' er sich ein Album an;
Erwarb sich die Schatten um Bargeld, —
Im Tauschweg auch dann und wann. —

Ich kann hier sie nicht alle benennen, —
Es sind auch Bekannte dabei, —
Sogar schon von Adam und Eva
Besitzt er das Conterfei.

Dr. Faust und Paracelsus,
Der „liebe Augustin," —
Kurzum, wer halbwegs bedeutend,
Der prangt im Album drin. —

Zumeist erst, wenn man gestorben,
Wagt er darum sich heran,
Weil dann er den herrlichsten Schatten
Sehr billig erwerben kann. —

So erzählt uns vom Peter Schlemihl
Chamisso das schnurrige Stück:
Zuerst verkauft' er den Schatten, —
Dann wollt' er ihn wieder zurück! —

Ahasverus, der ewige Jude,
Wußt' um des Teufels Manie,
Drum calculierte er einstmals
Nach eigener Philosophie:

„Muß rastlos so lange ich wandern
Bis alles im Grabe einst schläft, —
So verkauf' ich schon jetzt meinen Schatten,
— Es rentiert sich vielleicht das Geschäft! —

Ich glaub', er muß jedem gefallen,
Hab' ihn ja doch frisch renoviert:
Ich hab' ihn erst gestern gebügelt, —
Und heute sogar — parfümiert!

Kann ihn der Teufel just brauchen,
(Mir ist er zu schäbig und alt, —)
So will ich ihn gerne verklopfen,
Selbst, wenn er spottbillig ihn zahlt!"

Kaum hatt' Ahasverus gesprochen,
Der Teufel vor ihm auch schon stand,
Bot zierlichen Gruß ihm und reichte
Freundschaftlich die runzlige Hand.

„Schon wieder haſt etwas zu ſchachern?"
Süßlächelnd Herr Satanas ſprach,
„Natürlich gibſt du's ſehr billig, —
Läſst außerdem noch etwas nach!

Wir können gar leicht uns ja einen,
Du brauchſt doch dafür wohl kein Geld?
Zu tauſchen bin gern ich erbötig,
Woran es am meiſten dir fehlt.

Ich weiß ja, dafs dich ſchon ſeit langem
Das Trinken gar nimmermehr freut,
Und das, lieber Freund, iſt vom Uebel, —
Du thuſt mir drum wahrlich ſchon leid!

Wohlan nun, reich' her mir den Schatten,
Ich halte beim Worte dich feſt;
Dafür geb' ich wackeren Durſt dir,
Der dich nie und nimmer verläfst!"

Der Tauſch war bald giltig geſchloſſen
Mit Handſchlag und bindendem Wort;
Der Schatten, der war nun beim Teufel, —
Dafür fand der Durſt ſich ſofort.

Im Kruge zur „gleißenden Tonne"
Kehrt' Ahasverus nun ein;
Vor ihm ſtand ein mächtiger Humpen,
Gefüllt mit duftendem Wein.

Er hob ihn laut jubelnd zum Munde,
That selbst sich auch fröhlich Bescheid:
„Ein ganzes Meer nun zu leeren —
Wenn's gilt, — so bin ich bereit! —

Wohl kann ich leider nicht sterben,
So lange die Welt noch nicht ruht, —
Drum will ich gerne vertheilen
Schon jetzt mein erworbenes Gut!

Vermache, trotzdem ich noch lebe,
Vom Durste nun jedermann,
Auf dafs es ihm wohl bekomme,
Was er — vertragen kann!" —

Und dieses, sein prächtig Vermächtnis,
Bestehet seither zu Recht:
Es pflanzet ein arger Durst sich
Fort von Geschlecht zu Geschlecht. —

Der Durst nun, — das erhellet
Klar aus dem getreuen Bericht,
Der gleichet dem ewigen Juden:
— Umzubringen — ist er nicht! —